Herzlich willkommen im Ruhestand!

Jahrzehntelang sind Sie jeden gottverdammten Werktag zur Arbeit erschienen. Immer pflichtbewusst, häufig pünktlich und meistens gut gelaunt. Sie haben ohne Murren ausbleibende Gehaltserhöhungen, unzählige Überstunden und feuchtfröhliche Weihnachtsfeiern ertragen. Sie haben nie ein schlechtes Wort über Ihren Vorgesetzten verloren (keine Sorge, die Kollegen haben versprochen dichtzuhalten). Sprich: Sie haben Ihre Arbeit immer geliebt. Nie haben Sie daran gedacht, wie es sein könnte, wenn das alles mal vorbei ist. Und dann ist er plötzlich da: der Ruhestand.

Und jetzt?

Sicher hat man Ihnen vorausgesagt, dass Sie unmittelbar nach Ihrem letzten Arbeitstag in ein riesengroßes, rabenschwarzes Loch fallen. Das stimmt auch. Aber machen Sie sich keine Gedanken:

Dort warten jede Menge angenehme Überraschungen auf Sie!

Was in dem tiefen Loch, in das Sie als Ruheständler fallen, auf Sie wartet

Frühstück im Bett

Picknick im Grünen – an einem Wochentag

Reisen, ohne vorher einen Urlaubsantrag eingereicht zu haben

spontaner Stadtbummel

 Relaxen an einem Wochentag – sogar vor 22.00 Uhr

Gestern war Pflicht – heute ist Vergnügen

„Ich habe keine Zeit!", „Ich kann mich erst am Wochenende darum kümmern!", „Die Arbeit geht vor!" – alle diese Sätze können Sie getrost aus Ihrem Sprachgebrauch streichen: Sie werden sie nie wieder brauchen. Die Zeit der Pflichten ist für Sie vorbei – jetzt kommt die Zeit des Vergnügens!

Garantiert haben auch Sie unerfüllte Wünsche, für die bisher einfach die Zeit fehlte. Bisher!

Denn jetzt sind Sie an der Reihe – nichts ist unmöglich!

räume, die im Ruhestand wahr werden können

Schlittenhunde züchten

Chinesisch lernen

Mit dem Motorrad durch Griechenland fahren

Wein anbauen

Ein Buch schreiben

Einen Oldtimer restaurieren

Einen Kräutergarten anlegen

Endlich die Fotos
vom Spanien-Urlaub ´86 ins Album kleben

. . . .

(hier bitte Ihren Traum eintragen)

Ruhestand bedeutet nicht Stillstand!

Freuen Sie sich auf Ihr neues Leben voller ungeahnter Möglichkeiten. Denn Sie befinden sich im Ruhestand – und nicht im Stillstand! Das heißt: Sie haben endlich Ruhe für all die Dinge, für die bislang kein Platz in Ihrem Leben war. Ob Lesen, Reisen, Reiten oder Musik machen: Nutzen Sie Ihre neu gewonnenen Möglichkeiten. Und vergessen Sie nicht, Ihren Terminkalender weiterzuführen – Sie werden ihn dringender brauchen als je zuvor!

Niemals bin ich weniger müßig als in meinen Mußestunden.

Marcus Tullius Cicero (106–43 v. Chr.),
römischer Redner, Politiker und Schriftsteller

Vor dem Ruhestand

Montag 8:00 –17:00 Uhr Büro

Dienstag 8:00 –17:00 Uhr Büro

Mittwoch (Feiertag) 8:00 –17:00 Uhr Büro (Bereitschaft)

Donnerstag 8:00 –16:00 Uhr Büro, 16:00 Uhr Geburtstagsumtrun Chef, 21:00 Uhr betrunkenen Chef nach Hause fahren

Freitag 9:30 (Chef hat verschlafen) –17:00 Uhr Büro, 17:00 – 19:00 Uhr Meeting

Samstag 9:00 –13:00 Uhr Büro (Überstunden), 13:30 Uhr Wochen-Einkauf, 16:00 Uhr Hausputz, 20:17 Uhr Schlafen (vorm Fernseher)

Sonntag frei

Im Ruhestand

Montag ca. 11:00 Uhr Frühstück mit Holger und Lissi, 16:00 Uhr Reiten, 20:00 Uhr Konzert

Dienstag 11:00 Uhr Abflug nach Paris, 14:00 Uhr Louvre, 17:00 Uhr Shopping, 20:00 Uhr Gourmet-Restaurant

Mittwoch 11:00 Uhr Eiffelturm, 13:00 Uhr Seine-Rundfahrt, 17:00 Uhr Weinseminar (open end)

Donnerstag 11:00 Uhr Flohmarkt, 14:00 Uhr Mittagessen Montmartre, 19:00 Uhr Rückflug nach Hause

Freitag ca. 11:00 Uhr Frühstück im Café, 13:00 Uhr Fahrradtour, 19:00 Uhr Kochen mit Regine und Rüdiger

Samstag frei

Sonntag frei

Was war noch mal ein Achtstundentag?!

Den Wert eines Menschen erkennt man zuverlässig daran, was er mit seiner Freizeit anfängt.

Karl Heinrich Waggerl (1897–1973), österreichischer Schriftsteller

Wir wollen ehrlich sein: Die Zeit nach dem Arbeitsleben hat natürlich nicht nur Vorteile. Ruheständler müssen auf viele lieb gewonnene Dinge verzichten. Kantinen-Essen, Büro-Klatsch, Berufsverkehr, Überstunden … all diese Privilegien der arbeitenden Bevölkerung werden Ihnen in Zukunft vorenthalten. Zudem sind Sie gezwungen, Ihre Tage von nun an selbstständig zu planen und sich neue, freiwillige Aktivitäten zu suchen. Der Fachmann spricht dabei von sogenannter „Freizeit". Doch grämen Sie sich nicht: Ein Achtstundentag ist schneller voll als der Party-Hengst bei der letzten Weihnachtsfeier.

Was Sie in 8 Stunden alles machen können

2,47-mal den Film „Titanic" gucken
(Sie können auch vorspulen. Man weiß ja eh, wie es endet.)

6- bis 8-mal Rasen mähen
(Alternative: 2 Schafe kaufen, in den Garten stellen
und 2,47-mal „Titanic" gucken)

91,20 Euro vertelefonieren
(bei 19 Cent pro Minute)

0,19 Euro vertelefonieren
(bei 19 Cent pro Minute und der unverschämten Bitte:
„Rufst du mich mal zurück?")

1 bis 2 Marathonläufe absolvieren

(Wenn Sie mehr schaffen, sind Sie definitiv kein Fall
für den Ruhestand, sondern für Olympia.)

Zu Fuß von Leverkusen nach Essen gehen –
oder 327-mal ums Brandenburger Tor laufen

(bei einer Durchschnittsgeschwindigkeit von 6,25 km/h)

einen kompletten Tag im Kölner Zoo verbringen

(9 – 17 Uhr, im Sommer müssten Sie allerdings
eine Überstunde machen, denn da hat er bis 18 Uhr auf)

10,6 Klavierstunden nehmen

(je 45 Minuten)

Ruhestand ist keine Krankheit!

Sollte Ihnen ein Berufstätiger einreden wollen, Ruhestand sei ein unerwünschter Zustand, den man nur mit einem hochansteckenden Infekt vergleichen kann, dann machen Sie den Test: Husten Sie Ihrem Gegenüber einfach kräftig ins Gesicht. Sollten Sie ihn wider Erwarten tatsächlich mit dem „Morbus pensionatis" infizieren, dann lassen Sie sich das ganz schnell patentieren. Garantiert werden Ihnen zahlreiche angeschlagene Firmen viel Geld dafür bieten, damit Sie einmal fröhlich niesend durch deren Großraumbüros spazieren und so kostspieligen Massenentlassungen vorbeugen.
Sie müssen mit akutem Ruhestand also nicht zum Arzt gehen. Die Symptome sind ohnehin so eindeutig, dass auch jeder Laie sie sofort erkennt!

Woran Sie erkennen, dass Sie im Ruhestand sind

Wenn Sie zwischen 9 und 17 Uhr einschlafen, weckt sie niemand.

Sie haben zwar immer noch einen Chef – aber immerhin sind Sie mit ihm verheiratet.

Sie müssen sich eine andere Ausrede ausdenken als „Schatz, es wird heute etwas später im Büro".

Sie benutzen das Wort „Wecker" nur noch, wenn Ihnen der Partner auf denselbigen geht.

Das einzige verbliebene Ziel für Ihre Mobbing-Attacken ist der Familien-Hund.

Egal, an welchem Tag Sie das hier lesen: Morgen haben Sie frei!

„Endlich frei!"

Es ist besser, den Abschied zu nehmen, wenn
viele Menschen noch sagen: Schade!

Hildegard Hamm-Brücher (*1921),
deutsche Politikerin

Viele Menschen können es gar nicht abwarten, endlich in den Ruhestand zu treten. Je früher, desto besser. Richtig so, denn ein Leben ohne berufliche Verpflichtungen ist einfach herrlich! Auch wenn einige Arbeitnehmer das anders sehen und ihren Job am liebsten erst dann abgeben würden, wenn sie das auch mit dem Löffel tun.

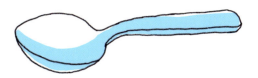

Späte Ruhestände

Konrad Adenauer war 87 Jahre alt, als er am 15. Oktober 1963 aus dem Amt des Bundeskanzlers verabschiedet wurde. Damit war er schon während seiner Amtszeit ein echter „Altbundeskanzler"!

Der britische Kicker **Stanley Matthews** war 35 Jahre lang Fußball-Profi. Als er am 6. Februar 1965 sein letztes Pflichtspiel als Berufsfußballer bestritt, war er 50 Jahre alt.

Der Sänger und Schauspieler **Johannes Heesters** stand noch mit 107 Jahren vor der Kamera. In seinem letzten Film mimte er den Petrus. Kurz danach sind sich die beiden dann persönlich begegnet.

Der Hamburger Otto Schulz legte in seinem Berufsleben 2,3 Millionen unfallfreie Kilometer am Steuer seines Taxis zurück. 2011 gab er mit 91 Jahren seinen Beförderungsschein ab.

Der Brite Buster Martin lief noch in hohem Alter einen Marathon: Nach eigenen Angaben war er dabei 101 Jahre alt. Danach war er weiterhin als Arbeitnehmer aktiv: Bis zu seinem Tod 2011 wusch er regelmäßig Autos für eine Klempnerei.

Als Joseph Ratzinger 2005 zum Papst gewählt wurde, war er bereits 78 Jahre alt – normale Männer sind zu diesem Zeitpunkt meist schon seit 15 Jahren in Rente. Aber normale Männer laufen auch nicht in Frauenkleidern und mit einem Kaffeewärmer auf dem Kopf herum.

Bei Licht besehen ist auch ein Leithammel nur ein Schaf.

Ernst Hohenemser,
deutscher Aphoristiker

Sagen Sie Ihrem Chef endlich die Meinung!

Sie haben nie ein schlechtes Wort über Ihren Vorgesetzten verloren? Ihm nie die Meinung gegeigt?

Das kann drei Gründe haben: Entweder Sie hatten tatsächlich den idealen Chef (unwahrscheinlich), Sie haben in einer Ich-AG gearbeitet (möglich) oder aber Sie haben aus taktischen Gründen geschwiegen (wahrscheinlich).

Sollten Sie zur dritten Gruppe gehören, haben Sie hier die einmalige Möglichkeit, Ihrem ehemaligen Vorgesetzten endlich mal so richtig den Marsch zu blasen! Einfach das Formular auf der nächsten Seite ausfüllen, ausschneiden und abschicken.

Viel Spaß!

Die große Abrechnung (zum Ankreuzen)

- O   Sehr geehrte/r
- O   Sie riesengroße/r
- O   Doofe/r

- O   Chef/in!
- O   Blödmann!
- O   Nuss!

Was ich Ihnen immer schon mal sagen wollte: Sie haben keine Ahnung von

- O   Computern!
- O   Frauen/Männern! (Unzutreffendes bitte streichen)
- O   ....!

...ußerdem erzähle ich seit Langem überall herum, dass Sie

- Mundgeruch haben!
- während der Arbeitszeit unter dem Pseudonym „Dickie07"
  in Erotik-Chats unterwegs sind!
- ....!

...hre Untergebenen nannten Sie hinter vorgehaltener Hand nur

- Pfeife!
- Ochsenfrosch!
- ....!

...ch wünsche Ihnen von Herzen

- Malaria!
- eine Steuerprüfung!
- ....!

...Mit gehässigen Grüßen, Ihr/e

....!

Sätze, die Sie nie wieder sagen müssen:

„Guten Morgen, Chef!"

„Ich wollte mal fragen, wie es mit einer
Gehaltserhöhung aussieht?"

„Zum letzten Mal:
Wer das letzte Kaffee-Pad aus der Dose nimmt,
der holt neue aus dem Lager!"

„Darf ich heute früher gehen?"

„Wo ist der Locher?!?"

Sätze, die Sie ab jetzt öfter benutzen dürften:

„Guten Morgen, Schatz!"

„Entschuldigung, Sie stehen auf meinem Golfball!"

„Nein, ich kann Ihnen nicht sagen, wie spät es ist – ich trage nämlich keine Uhr!"

„Was ist heute eigentlich für ein Tag?"

„Wo ist der Schampus?!?"

Generation Golfplatz

Menschen im Ruhestand sind zu beneiden:
Niemand schreibt ihnen mehr vor, was sie zu tun und zu lassen haben. Viele von ihnen nutzen die neu gewonnene Freiheit und werden aktiv. Früher hießen die beliebtesten Freizeitbeschäftigungen „Puzzeln", „Stricken" und „Aus dem Fenster gucken".

Doch der moderne Pensionär sucht andere Herausforderungen, gerne auch sportliche! Ob Fallschirmspringen, Wildwasser-Kanu oder Mountainbiking – alles ist möglich!

Voraussetzung ist natürlich, dass die Hüfte noch mitmacht.

Die schwerste sportliche Disziplin ist der Sprung über den eigenen Schatten.

Gerhard Uhlenbruck (*1929),
deutscher Mediziner und Aphoristiker

Alt, aber fit!

Helmut Wirtz aus Dortmund ist der älteste Bungee-Springer der Welt: Mit 83 Jahren wagte er den spektakulären Sprung in die Tiefe, lediglich mit einem Gummiseil gesichert. Immerhin: Sein Leben hing somit nicht am *seidenen* Faden.

Kurt Meyer war sein Leben lang als Amateurfußballer in Recklinghausen aktiv. Bekannt wurde er im Jahr 2001, als er im Alter von fast 80 Jahren gegen die Ü-40-Mannschaft des FC Jung-Siegfried Hillerheide ein Tor schoss, das von den „Sportschau"-Zuschauern anschließend zum „Tor des Jahres" gewählt wurde!

Ein Golfclub in Münster darf sich des ältesten aktiven Golfers der Republik rühmen: **Prof. Alfred Koch** bewies noch mit 105 Jahren regelmäßig seine Platzreife. Damit war Koch vermutlich der einzige Senior Deutschlands, der statt eines Zivildienstleistenden einen Caddie an seiner Seite hatte.

Für Tennis bin ich zu alt,
ich mache jetzt was anderes.
Da habe ich meinen eigenen Ball,
den schlage ich irgendwohin.
Dann gehe ich ihm nach.
Und wenn ich ihn finde,
schlage ich ihn wieder weg.

Franz Beckenbauer (*1945),
deutsche Fußball-Ikone

Immer mehr ältere aktive Menschen entscheiden sich für den Golfsport.
Kein Wunder! Golf macht Spaß, man ist viel an der frischen Luft, und man muss nicht drei Tage in der Woche ins Fitness-Studio gehen, um diesen Sport zu betreiben.
Und keine Sorge: Es ist nie zu spät, diesen tollen Sport zu erlernen. Vorher sollten Sie sich allerdings mit den wichtigsten Golf-Begriffen vertraut machen.

Golf-Crashkurs

Wenn Sie beim Golfen einen „Eagle" schlagen, bekommen Sie keinen Ärger mit Vogelschützern: „Eagle" bedeutet, dass Sie für ein Loch zwei Schläge weniger benötigen als vorgegeben.

Ihr „Handicap" berechtigt Sie nicht, den Behindertenparkpla... zu benutzen: Das Handicap nennt lediglich die Zahl der Schläge, die der Spieler mehr braucht, als auf einem Platz vorgegeben ist.

„Pin" ist die englische Bezeichnung für den Flaggenstock, der das Loch auf dem Grün kennzeichnet. Das können Sie sich sicherlich leichter merken als die PIN-Nummern Ihrer vier verschiedenen Kreditkarten.

Der „Hacker" knackt nicht Ihren E-Mail-Account – so bezeichnet man einen schlechten Spieler, der mit seinen Schlägen den Platz „zerhackt".

„Grün" ist nicht nur das Gesicht des Spielers nach dem 14. Wodka im Clubhaus, sondern auch der Name der kurz geschnittenen Rasenfläche rund um das Golf-Loch.

Wer mit einem „Buggy" auf dem Golfplatz unterwegs ist, schiebt keineswegs sein Enkelkind im Kinderwagen spazieren. Der Buggy ist das offene Elektro-Auto, mit dem der Golf-Freund höchst komfortabel die weiten Distanzen auf dem Platz zurücklegt.

Sie sind weiterhin gefragt!

Glauben Sie ja nicht, dass Sie jetzt, wo Sie im Ruhestand sind, einfach die Hände in den Schoß legen können. Denn die Erfahrungen, die Sie im Laufe eines langen Arbeitslebens gesammelt haben, sind unersetzbar. Vielleicht sind Ihre Nachfolger Ihnen darin überlegen, alle Möglichkeiten des Intranets zu nutzen oder online die richtigen Druckerpatronen nachzubestellen. Aber wissen sie auch, was die Belegschaft dem Senior-Chef vor 17 Jahren zum 50. Geburtstag geschenkt hat? Es wäre nämlich fürchterlich peinlich, wenn er dieses Jahr zum 7. Mal den opulenten Bildband „Die schönsten Fahrradwege Mecklenburg-Vorpommerns" bekommen würde.

Und wer außer Ihnen weiß, wo seit 35 Jahren der bislang nie benötigte Ersatzschlüssel für die Herrentoilette liegt, in die sich der wichtigste Kunde gerade versehentlich eingeschlossen hat? (Kleiner **Tipp:** im Hängeschrank in der Teeküche, hinter den Kaffeefiltern)

Hat die neue Generation außerdem eine Ahnung, wo der alte Zettelkasten steht, in dem bei einem Totalabsturz der EDV-Anlage alle Geschäftskontakte vor 2004 zu finden sind? Und wenn Ihre Nachfolger die Karteikarten dann vor sich haben, stellt sich natürlich die entscheidende Frage, die ohne die Kompetenz von Veteranen wie Ihnen gar nicht zu beantworten ist: Wie klickt man die Dinger an?

Freuen Sie sich also darauf, dass Ihnen die jüngeren Kollegen auch in Zukunft gehörig auf den Geist gehen!

Auf geht's! Die Welt ist groß!

In Sachen Freizeitgestaltung sind Deutschlands Rentner sich ziemlich einig:

Reisen ist eindeutig die Lieblingsbeschäftigung im Ruhestand.

Ob die Reise aber in den Schwarzwald oder nach Schwarzafrika führt, in den Harz oder in die Rocky Mountains, auf Juist oder auf die Malediven, das hängt ganz von der Abenteuerlust (und dem Geldbeutel) des Einzelnen ab.

Aber eins ist sicher:
Die Zeiten, in denen sich die Generation Gold reisetechnisch von Kaffeefahrt zu Kaffeefahrt hangelte, sind längst vorbei!

Entspanne dich. Lass das Steuer los.
Trudle durch die Welt. Sie ist so schön.

Kurt Tucholsky (1890–1935),
deutscher Schriftsteller und Journalist

Was Ruheständlern beim Reisen wichtig ist

40 % bleiben am liebsten in der näheren Umgebung.

53 % wollen etwas für ihre Gesundheit tun.

71 % interessieren sich für die Natur.

100 % sagen sich: egal wohin –
Hauptsache, nicht mehr zur Arbeit!

Reisen veredelt den Geist und räumt mit unseren Vorurteilen auf.

Oscar Wilde (1854–1900),
irischer Schriftsteller

Räumen Sie Ihr altes Leben auf!

Wer nicht mehr arbeiten muss, der kann sich von vielen Dingen trennen, die ihn bisher Tag für Tag begleitet haben.
Ob Aktentasche, Blaumann, Dienst-Handy, Butterbrotdose, Sicherheitsschuhe oder Uniform – auf all das können Sie ab jetzt pfeifen! Und auch in Ihrem Wortschatz können Sie ohne Weiteres Kehraus machen. Eine Menge der von Ihnen tagtäglich benutzten Vokabeln brauchen Sie im Ruhestand nicht mehr. Schmeißen Sie diese nun überflüssigen Wörter einfach aus Ihrem System und schaffen Sie Platz für neue, wunderbare Begriffe wie „Freizeit", „Gelassenheit" und „KommichheutnichtKommichmorgen".

Kleines Fremdwörterbuch für Rentner

Chef:

Innerbetrieblich hierarchisch höchststehende Person. Beim C. handelt es sich um das einzige Lebewesen, von dem man sich alles gefallen lassen muss, obwohl man nicht mit ihm verheiratet ist.

Kollege:

Lat. collega, Amtsgenosse. Person, die den gleichen → Arbeitgeber hat wie man selbst. Ist das die einzige Gemeinsamkeit, spricht man vom → einfachen K., finden sich weitere gemeinsame Interessen, ist vom → netten K. oder → befreundeten K. die Rede. Die unangenehmste Art von K. ist Meyer, der faule Sack, der heimlich Büromaterial mitgehen lässt (vgl. → Mobbing).

Krankenschein:

DIN-A6 große, meist gelbe Bescheinigung, auf der ein Arzt den unbefriedigenden Gesundheitszustand eines → Arbeitnehmers bestätigt. Dieser ist verpflichtet, den K. bei längerer Fehlzeit dem → Arbeitgeber vorzulegen. Freiberufler und Ruheständler können den K. wahlweise wegschmeißen, zum Schiffchen falten oder auf der Rückseite ihre Skat-Ergebnisse notieren.

Urlaub:

Zeitlich begrenzte, oft vom → Chef festgelegte temporäre Auszeit aus dem → Berufsleben unter Fortzahlung der → Bezüge. Grundsätzlich ist U. zur Erholung geeignet. Das betrifft allerdings nur den U.-Nehmenden und nicht etwa die Flora am → Arbeitsplatz (vgl. → Büropflanze, vertrocknete).

Wecker:

Zeitmesser mit akustischem Alarm-System, das den → Arbeitnehmer zu einer vorher eingestellten, meist unchristlich frühen Uhrzeit aus dem Schlaf reißt. Oftmals wird versucht, den W. durch Gewalt zum Verstummen zu bringen, indem er z.B. gegen eine Wand geworfen, aus dem Fenster geschmissen oder in einem Aquarium versenkt wird. Bleibt der → Arbeitnehmer viel länger als erlaubt liegen, wird der W. von alternativen Lärmquellen ersetzt (vgl. → Anruf vom Chef).

Wichteln:

Tätigkeit, die zur Vorweihnachtszeit, vorzugsweise in Betrieben mit mindestens drei Mitarbeitern, ausgeübt wird. Beim W. zieht jeder → Mitarbeiter einen Zettel, auf dem der Name eines → Kollegen notiert ist. Dieser → Kollege erhält dann vom → Mitarbeiter ein Weihnachtsgeschenk. Eine selten angewandte Alternative zum W. besteht darin, einfach dem → Kollegen, den man tatsächlich mag, etwas zu schenken. Das allerdings würde dazu führen, dass einer immer ohne Geschenk dasteht (vgl. → Chef).

Keine Angst vorm Ruhestand!

Spätestens nach dieser Lektüre dürfte jedem angehenden Ruheständler klar sein: Das Leben geht weiter – und wie! Denn die zahlreichen neuen Chancen, die sich Ihnen bieten, wollen genutzt werden. Seien Sie also bereit für das Abenteuer „Ruhestand": Sie können reisen, malen, joggen, babysitten, segeln, studieren, bauen, pflanzen und und und …

Und das Schönste ist: Niemand zwingt Sie dazu. Sie können aktiv sein – Sie müssen es aber nicht! Denn niemand sollte ein schlechtes Gewissen haben, wenn er die Bezeichnung „Ruhestand" wörtlich nimmt und genau das tut, was keiner von einem Menschen im Ruhestand erwartet.

Nämlich nichts.

Arbeit ist etwas Unnatürliches.
Die Faulheit allein ist göttlich.

Anatole France (1844–1924),
französischer Schriftsteller

Textnachweis:
S. 12: Karl Heinrich Waggerl, „Sämtliche Werke". © Otto Müller Verlag, 4. Auflage, Salzburg 1997
S. 18: Hildegard Hamm-Brücher, „Freiheit ist mehr als ein Wort. Eine Lebensbilanz 1921 – 1996". © 1996, Verlag Kiepenheuer & Witsch GmbH & Co. KG, Köln.
S. 29: © Universitätsverlag Brockmeyer, Dr. Norbert Brockmeyer

In einigen Fällen war es nicht möglich, für den Abdruck der Texte die Rechteinhaber zu ermitteln. Honoraransprüche der Autoren, Verlage und ihrer Rechtsnachfolger bleiben gewahrt.

© 2017 arsEdition GmbH, Friedrichstr. 9, 80801 München
Alle Rechte vorbehalten
Illustration und grafische Gestaltung: Nadine Jessler

ISBN 978-3-8458-1933-4
2. Auflage

www.arsedition.de